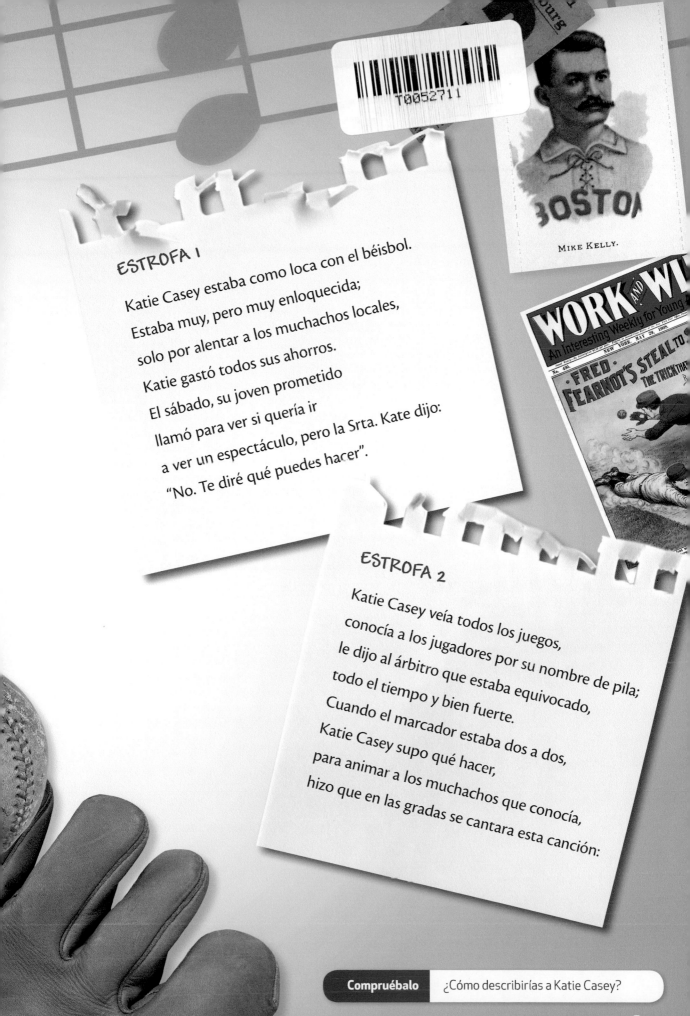

ESTROFA 1

Katie Casey estaba como loca con el béisbol.
Estaba muy, pero muy enloquecida;
solo por alentar a los muchachos locales,
Katie gastó todos sus ahorros.
El sábado, su joven prometido
llamó para ver si quería ir
a ver un espectáculo, pero la Srta. Kate dijo:
"No. Te diré qué puedes hacer".

MIKE KELLY.

ESTROFA 2

Katie Casey veía todos los juegos,
conocía a los jugadores por su nombre de pila;
le dijo al árbitro que estaba equivocado,
todo el tiempo y bien fuerte.
Cuando el marcador estaba dos a dos,
Katie Casey supo qué hacer,
para animar a los muchachos que conocía,
hizo que en las gradas se cantara esta canción:

Compruébalo ¿Cómo describirías a Katie Casey?

El viejo *juego de béisbol*

por Michael Bilski

NACE EL BÉISBOL

Los estadounidenses han disfrutado del béisbol desde comienzos del siglo XIX. Se hizo tan popular que se comenzó a conocer como el **pasatiempo nacional** de los Estados Unidos.

Alexander Cartwright y el Knickerbocker Base Ball Club de Nueva York establecieron las reglas básicas del béisbol en 1845. Antes de eso, los jugadores podían golpear a un corredor con la pelota para hacer un *out*. ¡Ay! Aunque los Knickerbockers hicieron las reglas, perdieron el primer juego que jugaron con las nuevas reglas. ¡El marcador fue 23 a 1!

Cuando el béisbol comenzó, los equipos jugaban para divertirse y no les pagaban. Eso cambió con el tiempo. En 1869, los Red Stockings de Cincinnati se convirtieron en el primer equipo profesional que les pagó a sus jugadores. Pronto surgieron las ligas profesionales.

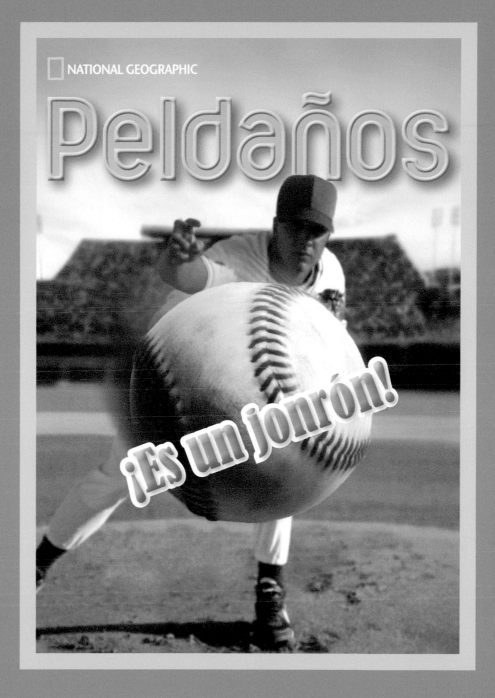

NATIONAL GEOGRAPHIC

Peldaños

¡Es un jonrón!

Llévame al juego de béisbol

letra de Jack Norworth
música de Albert Von Tilzer

En muchos estadios de béisbol, es una **tradición** cantar "Llévame al juego de béisbol" durante la última parte de la séptima entrada. La mayoría de los aficionados cantan el **estribillo.** ¿Sabías que también hay dos **estrofas?** Las estrofas y el estribillo cuentan una historia sobre Katie Casey, una niña a la que le encanta el béisbol, el **pasatiempo nacional** de los Estados Unidos.

ESTRIBILLO

Llévame al juego,
llévame con la multitud.
Cómprame cacahuates y Cracker Jack,
no me importa si no vuelvo,
déjame alentar, alentar, alentar al equipo local.
Si no ganan, es una pena,
pues es uno, dos, tres strikes y te vas,
en el viejo juego de béisbol.

alentar animar
ahorros cantidad de dinero guardada
prometido novio

Elysian Fields en Hoboken, Nueva Jersey

1846

Los Knickerbockers juegan el primer juego de béisbol usando las nuevas reglas en Hoboken, Nueva Jersey.

1866

En la Universidad Vassar se crea el primer equipo de béisbol femenino.

1845

Alexander Cartwright y los Knickerbockers hacen una lista de las reglas de béisbol.

Alexander Cartwright

1869

Los Red Stockings de Cincinnati, el primer equipo profesional, juegan su primer juego.

Los Red Stockings de Cincinnati, 1869

1876

Se forma la Liga Nacional.

William Hulbert, fundador de la Liga Nacional

ESTÁ EN LAS TARJETAS

A medida que crecía el béisbol, también lo hacían sus **tradiciones.** La tradición de coleccionar tarjetas comenzó en la década de 1860. En la década de 1870, las compañías crearon las tarjetas de béisbol. Décadas después, la compañía de goma de mascar Topps vendía paquetes de goma de mascar con tarjetas de béisbol.

La mayoría de los aficionados actuales colecciona tarjetas de béisbol como diversión. Algunos, sin embargo, coleccionan tarjetas de béisbol por su valor. Una tarjeta poco común de 1909 que muestra al jugador y futuro miembro del Salón de la Fama Honus Wagner se vendió por $2,800,000 en 2007. ¡No te desprendas de tus tarjetas!

Tarjetas de béisbol, fines del siglo 1800

MOSES FLEETWOOD WALKER

1884

Moses Fleetwood Walker se convierte en el primer jugador afroamericano que juega en las ligas mayores.

En 1884, Moses Fleetwood Walker se convirtió en el primer jugador afroamericano que jugó al béisbol en la liga mayor. Jugaba para los Blue Stockings de Toledo, que era un equipo de las ligas mayores en ese entonces. Pasó mucho tiempo antes de que otro afroamericano siguiera los pasos de Walker.

1900

Se forma la Liga Americana.

1887

Goodwin and Company fabrica la primera colección de tarjetas de béisbol de distribución masiva.

Serie mundial de 1903, Boston

1903

Se juega la primera Serie Mundial. Los Americans de Boston vencen a los Piratas de Pittsburgh.

1907

Alta Weiss se convierte en la primera mujer que juega al béisbol de manera profesional.

Alta Weiss

1909

Se imprime la famosa tarjeta de Honus Wagner.

1908

Se compone "Llévame al juego de béisbol".

EL BÉISBOL SE POPULARIZA

La publicación de "Llévame al juego de béisbol" en 1908 significó que el béisbol era un éxito con el público. ¿Quién hubiera imaginado que todavía cantaríamos la canción más de cien años después? Los aficionados continúan la tradición de cantar "Llévame al juego de béisbol" en muchos campos de béisbol al final de la séptima entrada. Cantar a coro une a los aficionados y apoya al equipo local.

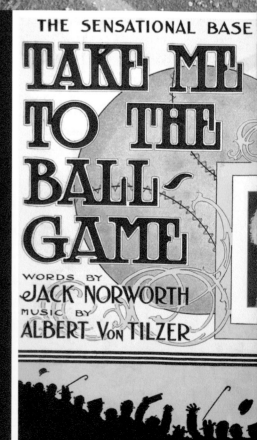

EL PRIMER LANZAMIENTO CEREMONIAL

En 1910, el presidente Taft comenzó una tradición del béisbol. Lanzó la pelota en el campo de juego en el primer juego de la temporada. Esto comenzó una tradición en la que presidentes, otros funcionarios electos y famosos hacían el "primer lanzamiento ceremonial". Desde 1910, todos los presidentes, excepto Jimmy Carter, han participado de esta **ceremonia.** Carter quizá estaba muy ocupado para el béisbol cuando era presidente, pero fue a muchos juegos después de terminar su mandato.

El presidente Taft en el día de inauguración, 1910

1910
El presidente Taft hace el primer lanzamiento ceremonial el día de inauguración.

1916
Los Indios de Cleveland fueron el primer equipo de las ligas mayores con números en los uniformes.

9

1917

Estados Unidos entra en la Primera Guerra Mundial.

1918

Se canta el himno estadounidense en un juego de béisbol.

1919

¡Escándalo! Los informes dicen que ocho jugadores de los Medias Blancas de Chicago aceptan sobornos y pierden la Serie Mundial intencionalmente.

LA BATALLA MÁS ALLÁ DEL CAMPO DE BÉISBOL

En abril de 1917, los Estados Unidos entra en la Primera Guerra Mundial. Muchos jugadores de béisbol se alistaron en el ejército. Mientras se desarrollaba la guerra, comenzó una tradición musical nueva. En la Serie Mundial de 1918, una banda marcial interpretó el himno estadounidense después de la última parte de la séptima entrada para homenajear a los soldados. Después de eso, la canción se interpretó en cada juego de la Serie Mundial y cada inauguración de temporada. Durante la Segunda Guerra Mundial, esta tradición cambió. En su lugar, el himno estadounidense se interpretó antes de cada juego. Esta tradición continúa en la actualidad.

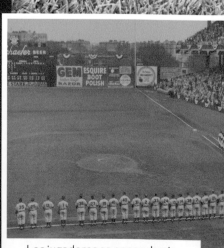

Los jugadores se ponen de pie para cantar el himno estadounidense.

...ipo de las estrellas de la Liga Nacional, 1933

¡MIRA TODAS LAS ESTRELLAS!

Una de las tradiciones anuales del béisbol es el Juego de Estrellas de las Grandes Ligas. Se llama "Clásico del verano" porque se juega en julio. El primer Juego de Estrellas se jugó en julio de 1933 en el Comiskey Park, Chicago. Los managers y los aficionados elegían estrellas de la Liga Americana y la Liga Nacional para jugar. Ya es una tradición que los aficionados voten a sus jugadores favoritos para el juego de cada año. La votación permite a los aficionados ver a las estrellas reunidas en el mismo campo de juego.

1921

Por primera vez se transmite un juego de béisbol por la radio.

1931

La Asociación de Escritores de Béisbol comienza una tradición. Nombra al "jugador más valioso" de cada liga.

1933

Se juega el primer Juego de Estrellas de las Grandes Ligas.

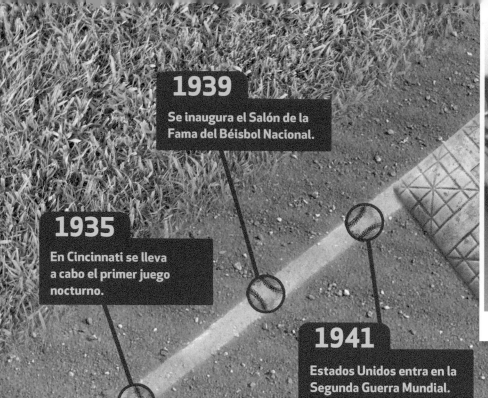

1939
Se inaugura el Salón de la Fama del Béisbol Nacional.

1935
En Cincinnati se lleva a cabo el primer juego nocturno.

1941
Estados Unidos entra en la Segunda Guerra Mundial.

La liga de mujeres en acción

UN SALÓN DE BÉISBOL

El Salón de la Fama y Museo del Béisbol Nacional se inauguró en 1939 en Cooperstown, Nueva York. Cada año, se suele **investir** a jugadores incluyéndolos en el Salón. Los candidatos deben haber jugado en los últimos 20 años y haber estado retirados por 5 años. También deben haber jugado en las ligas mayores por al menos 10 años. Quienes reciben al menos el 75 por ciento de los votos son investidos en una ceremonia. Solo los mejores lo logran. En la ceremonia de investidura, se homenajea a cada nuevo miembro con una placa. Los relatores, los árbitros y los managers, entre otros, se eligen por separado.

El Salón de la Fama y Museo del Béisbol Nacional

¡VAMOS, DAMAS!

Desde el comienzo, el béisbol profesional fue un deporte de hombres. Durante la Segunda Guerra Mundial, muchos jugadores de béisbol se alistaron en el ejército. Los dueños de los equipos de béisbol no tenían suficientes jugadores masculinos para atraer a las multitudes. Entonces, en 1943, se formó la Liga Profesional Americana de Béisbol para Mujeres. Comenzó con solo cuatro equipos, pero durante una de las temporadas, hubo incluso diez equipos. Las mujeres atraían a multitudes de hasta 10,000 personas por juego. La liga incluso tenía su propia canción de triunfo. Aunque la liga terminó en 1954, las jugadoras fueron pioneras para las niñas y las mujeres que juegan en la actualidad.

1942
El presidente Roosevelt da "luz verde" para que el béisbol continúe durante la guerra.

de 1941 a 1945
Más de 500 jugadores se enlistaron para la Segunda Guerra Mundial.

1943
Se forma la Liga Profesional Americana de Béisbol para Mujeres.

1947

Jackie Robinson se convierte en el primer jugador afroamericano de las ligas mayores desde 1884.

JACKIE ROBINSON

ROGER MARIS

En 1961, Roger Maris bateó su jonrón número 61, pero los aficionados no estaban contentos. Maris había batido el récord que lograra Babe Ruth en 1927 de 60 jonrones en una temporada. Ruth era un jugador legendario, y los aficionados no querían que Maris rompiera su récord. Algunos afirmaban que Maris en realidad no había roto el récord de Babe Ruth. El récord de Ruth se estableció en una temporada de 154 juegos, pero el de Maris se estableció en una temporada de 162 juegos. En 1961, también se votó a Maris como el jugador más valioso de la liga americana y ayudó a los Yankees a ganar la Serie Mundial.

1947

La Serie Mundial se transmite por televisión por primera vez.

RACHAS LARGAS

Los aficionados se emocionan con las rachas largas que establecen récords. ¡Joe DiMaggio hizo *hits* en 56 juegos seguidos en 1941! La racha de 44 juegos con *hits* que logró Pete Rose en 1978 es lo más cercano a eso. Lou Gehrig jugó 2,130 juegos seguidos para los Yankees de Nueva York. Su récord duró 56 años hasta que Cal Ripken, Jr. lo rompió en 1995. Ripken jugó en 2,632 juegos entre el 30 de mayo de 1982 y el 20 de septiembre de 1998.

Joe DiMaggio

1958

Los Gigantes de Nueva York y los Dodgers de Brooklyn se mudaron a California. Se convirtieron en los primeros equipos de liga mayor al oeste de St. Louis.

1965

Se juega el primer juego bajo techo. Se juega en el Astrodome de Houston.

1961

Roger Maris batea 61 jonrones. Rompe el récord que Babe Ruth había establecido en una temporada en 1927.

CONMEMORAR A UN HÉROE

El 15 de abril de 1947, Jackie Robinson de los Dodgers de Brooklyn se convirtió en el primer jugador afroamericano en una liga mayor desde 1884. Una nueva tradición comenzó en 2004 cuando la Liga Mayor de Béisbol comenzó a celebrar el Día de Jackie Robinson. En los campos de béisbol, el 15 de abril todos los jugadores, los managers y los árbitros usan el número de Jackie, el 42. El resto de los días, no se permite que nadie use ese número.

1972

Roberto Clemente muere en un accidente aéreo.

1973

La Liga Americana comienza a usar la regla del bateador designado.

ROBERTO CLEMENTE

De 1955 a 1972, los Piratas de Pittsburgh tuvieron un gran jardinero derecho, Roberto Clemente. Se lo conoció por sus destrezas en béisbol y por su trabajo de ayuda a las personas necesitadas. Clemente murió en un accidente aéreo mientras llevaba provisiones a los sobrevivientes del terremoto de Nicaragua en 1972. Fue envestido en el Salón de la Fama al año siguiente. Generalmente, no se podía investir a un jugador hasta cinco años después del final de su carrera beisbolística. Esta regla se cambió en el caso de Clemente debido a sus importantes acciones. Clemente también fue el primer jugador latinoamericano que en ser envestido.

1974

Hank Aaron rompe el récord de jonrones de la carrera de Babe Ruth.

2004

Se celebra por primera vez el Día de Jackie Robinson.

2000

La temporada de la Liga Mayor de Béisbol se inaugura por primera vez en Japón.

¿QUÉ VIENE DESPUÉS?

Piensa en cómo era el béisbol en la década de 1840 y luego piensa en el béisbol de la actualidad. ¡Han cambiado muchas cosas! Las reglas se han establecido. Las ligas profesionales han crecido. Se han desarrollado tradiciones para celebrar sucesos importantes. Se han establecido y se han roto récords. Jugadores de diferentes orígenes han participado del juego. Ahora imagina el futuro. ¿Qué viene después en el béisbol?

1997

El número 42 de Jackie Robinson se retira.

Compruébalo ¿Quién ha tenido un papel importante en la historia del béisbol? ¿Cómo?

EL BÉISBOL
POR EL MUNDO
por Michael Bilski

El béisbol comenzó en los Estados Unidos y se convirtió en un **pasatiempo nacional.** Pronto se difundió a otros países, especialmente en América Latina y Asia. Como sea que lo llamen (béisbol, *besuboru* o beisbol), es un deporte internacional con grandes jugadores en todo el mundo.

Salón de la Fama y Museo del Béisbol Nacional, Cooperstown, Nueva York

ROD CAREW
Panamá

HARRY WRIGHT
Inglaterra

LUIS APARICIO
Venezuela

JUAN MARICHAL
República Dominicana

ROBERTO ALOMAR
Puerto Rico

Jugadores famosos

Jugadores de muchos países vienen a jugar en los equipos de liga mayor de los Estados Unidos. Se homenajea a algunos de los mejores en el Salón de la Fama y Museo del Béisbol. El Salón tiene a nueve jugadores (que se muestran abajo) de otros países. En el futuro, estamos seguros de que veremos a homenajeados de muchos lugares más.

Salones de la Fama

En otros países, además de los Estados Unidos, también hay salones de la fama.

- El Salón de la Fama y Museo del Béisbol Japonés se inauguró en 1959. Los trofeos del Clásico Mundial de Béisbol se exhiben allí.
- El Salón de la Fama y Museo del Béisbol Venezolano se inauguró en 1953 en Valencia, Venezuela. Está dentro de un enorme centro comercial y el edificio tiene forma de diamante de béisbol.
- El Salón de la Fama del Béisbol Cubano se inauguró en 1939 en Cuba.
- El Salón de la Fama del Béisbol Coreano se inauguró en 1995. Tiene una biblioteca con 2,000 libros de béisbol y 800 películas de béisbol.

TONY PÉREZ
Cuba

ROBERTO CLEMENTE
Puerto Rico

ORLANDO CEPEDA
Puerto Rico

FERGUSON JENKINS
Canadá

EL CLÁSICO MUNDIAL DE BÉISBOL

El Clásico Mundial de Béisbol (CMB) es una competencia internacional que se realizó en 2006 y 2009. Se hará de nuevo en 2013. Competirán dieciséis de los siguientes países. Los equipos deben **clasificarse** para competir. Los equipos de los países en rojo han competido satisfactoriamente en el CMB antes. Esos equipos ya están clasificados. Los equipos de los países en anaranjado deben clasificar para competir.

1. AUSTRALIA
2. CHINA
3. CUBA
4. REPÚBLICA DOMINICANA
5. ITALIA
6. JAPÓN
7. MÉXICO
8. HOLANDA
9. PUERTO RICO
10. COREA DEL SUR

11. ESTADOS UNIDOS
12. VENEZUELA
13. CANADÁ
14. TAIPEI CHINA (TAIWÁN)
15. PANAMÁ
16. SUDÁFRICA
17. BRASIL
18. COLOMBIA
19. REPÚBLICA CHECA
20. FRANCIA

21. ALEMANIA
22. GRAN BRETAÑA
23. ISRAEL
24. NUEVA ZELANDA
25. NICARAGUA
26. ESPAÑA
27. FILIPINAS
28. TAILANDIA

El Clásico Mundial de Béisbol

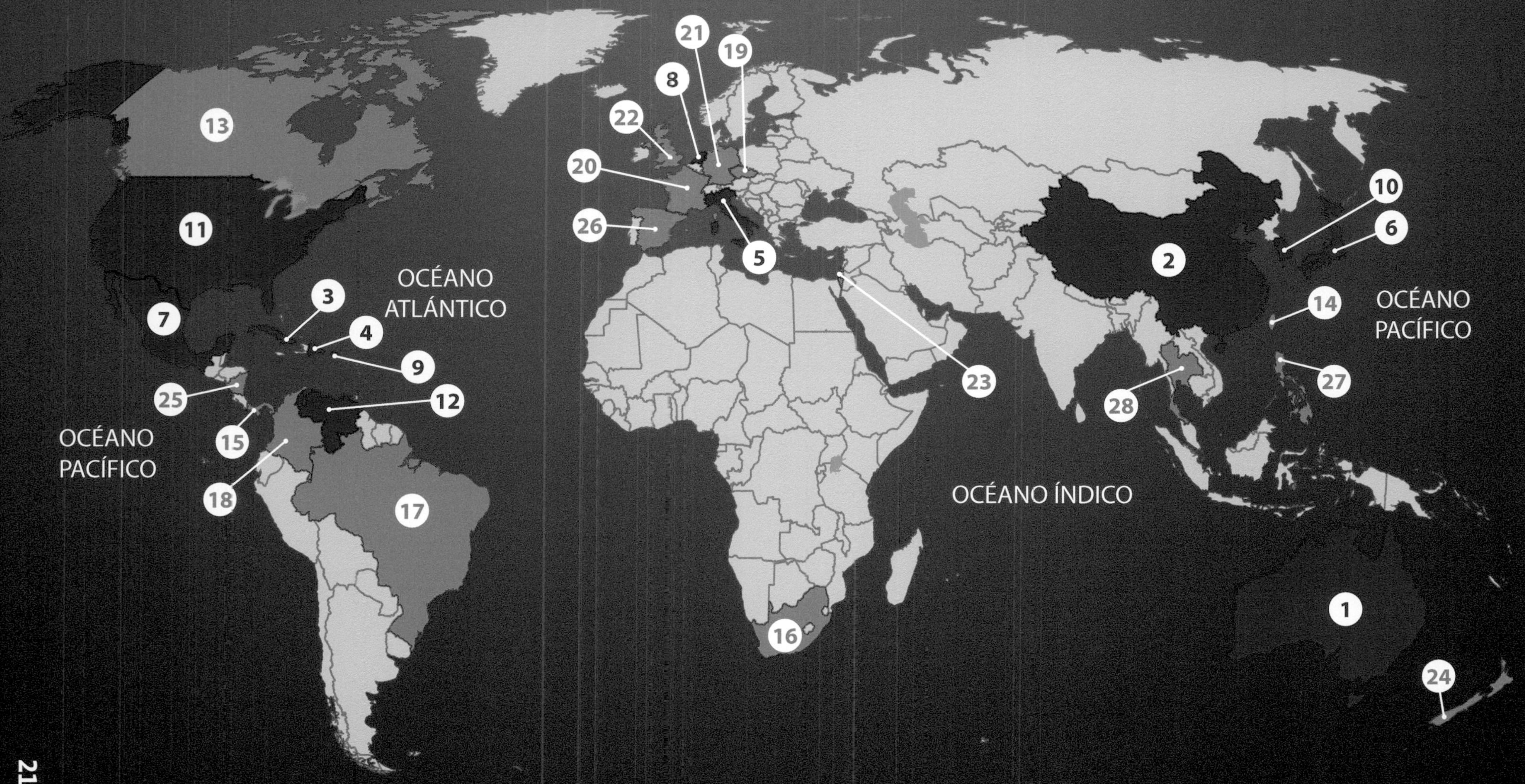

OCÉANO PACÍFICO

OCÉANO ATLÁNTICO

OCÉANO PACÍFICO

OCÉANO ÍNDICO

1

2

3

4

5

6

7

8

9

10

11

12

13

14

15

16

17

18

19

20

21

22

23

24

25

26

27

28

21

Una gira mundial

Echemos un vistazo a algunos países del mundo donde se juega el béisbol de manera profesional. Las reglas son las mismas, pero la historia y la cultura de cada país influyen en las **tradiciones** del béisbol.

ASIA

Japón

besuboru = béisbol en japonés

En la década de 1870, un profesor estadounidense en Tokio introdujo los japoneses al béisbol. Desde entonces, el béisbol se ha convertido en el deporte de equipos más popular en Japón. Los aficionados son muy entusiastas allí. Durante el juego, los aficionados se organizan para alentar junto a las porristas. En algunos campos de béisbol es una tradición soltar globos después de la última parte de la séptima entrada.

Japón ganó el primer lugar en el Clásico Mundial de Béisbol en 2006 y en 2009.

SUDAMÉRICA

Venezuela

Los estudiantes universitarios que regresaban a Venezuela desde EE. UU. llevaron el béisbol a Venezuela a fines del siglo XIX. Mientras que el fútbol es el deporte más popular en la mayoría de los países de América Latina, el béisbol predomina en Venezuela. En EE. UU. existe la tradición de comer perros calientes en un juego de béisbol, pero es más probable que los aficionados de Venezuela coman arepas. Este es un tipo de pan de maíz con rellenos como jamón y queso.

Venezuela obtuvo el tercer lugar en el Clásico Mundial de Béisbol de 2009.

EL CARIBE
República Dominicana

EUROPA
Holanda

Los estadounidenses les enseñaron el béisbol a los cubanos en la década de 1860. Más tarde, los cubanos les enseñaron el béisbol a los dominicanos. Ahora el béisbol es el deporte nacional de República Dominicana. Más jugadores de liga mayor estadounidense provienen de República Dominicana que de cualquier otro país extranjero. Muchos aficionados entusiasmados van a los juegos con la cara pintada, banderas y matracas. Los aficionados que tienen hambre pueden comprar arroz con frijoles en el campo de béisbol.

En el Clásico Mundial de Béisbol de 2006, República Dominicana obtuvo el quinto lugar.

honkbal = béisbol en holandés

En 1911, un holandés visitó EE. UU. y se llevó a casa el béisbol. En Holanda, el béisbol gusta más que en cualquier otro país de Europa. Aún así, el fútbol tiene más aficionados. De hecho, una razón por la que a los holandeses les gusta el béisbol es porque se juega entre las temporadas de fútbol.

Holanda quedó en séptimo lugar en el Clásico Mundial de Béisbol de 2009.

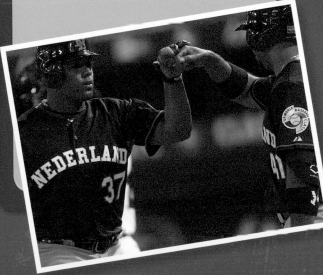

Compruébalo   Fuera de EE. UU., ¿dónde es más popular el béisbol?

Comenta Sucesos y líneas cronológicas

1. ¿En qué orden está organizada la información en "El viejo juego de béisbol"? ¿Por qué crees que está organizada de esta manera?

2. Elige un suceso del béisbol que te interese. Explica qué sucedió.

3. Elige una tradición del béisbol. ¿Cómo crees que ayuda a los jugadores o a los aficionados?

4. ¿En qué tradición del béisbol te gustaría más participar? ¿Por qué?